escuela - məktəp	2
viaje - səyəxət	5
transporte - transport	8
ciudad - şəhər	10
paisaje - tirə-yün	14
restaurante - restoran	17
supermercado - supermarket	20
bebidas - eçemleklər	22
comida - azıq	23
granja - çeftlek	27
casa - yort	31
sala - qunaq bülməse	33
cocina - aş bülməse	35
cuarto de baño - yuınu bülməse	38
habitación de los niños - bala bülməse	42
ropa - kiyem	44
oficina - ofis	49
economía - iqtisad	51
oficios - hönərlər	53
herramientas - ələtlər	56
instrumentos musicales - muzıka alətlərə	57
zoo - xaywan baqçası	59
deportes - sport törlərə	62
actividades - itkenleklər	63
familia - ğailə	67
cuerpo - tən	68
hospital - xastaxanə	72
urgencia - kiçektergesez xəl	76
tierra - Cir	77
hora(s) - səğət	79
semana - atna	80
año - yıl	81
formas - şəkellər	83
colores - töslər	84
opuestos - qapma-qarşılıqlar	85
números - sannar	88
idiomas - tellər	90
quién / qué / cómo - kem / nərsə / niçek	91
dónde - qayda	92

Impressum
Verlag: BABADADA GmbH, Nedderfeld 112 , 22529 Hamburg
Geschäftsführer / Verlagsleitung: Harald Hof
Druck: Books on Demand GmbH, In de Tarpen 42, 22848 Norderstedt

Imprint
Publisher: BABADADA GmbH, Nedderfeld 112 , 22529 Hamburg, Germany
Managing Director / Publishing direction: Harald Hof
Print: Books on Demand GmbH, In de Tarpen 42, 22848 Norderstedt

escuela
məktəp

- dividir / bülü
- pizarra / taqta
- aula / sıynıf bülməse
- patio / məktəp ixatası
- maestro/a / uqıtuçı
- papel / kəğəz
- escribir / yazarğa
- bolígrafo / qələm
- escritorio / östəl
- regla / sızğıç
- libro / kitap
- alumno/a / uquçı

cartera
buqça

caja de lápices
qələmdan

lápiz
qırandaş

sacapuntas
qələm oçlağıç

goma de borrar
betergeç

cuaderno de dibujo
rəsem dəftəre

dibujo
rəsem

pincel
pumala

caja de pinturas
buyawlar tartması

tijeras
qayçı

pegamento
cilem

cuaderno de ejercicios
dəftər

deberes
öy eşe

número
san

sumar
quşu

restar
alu

multiplicar
tapqırlaw

calcular
isəpləw

letra
xəref

alfabeto
əlifba

palabra
süz

escuela - məktəp

texto
tekst

leer
uqırğa

tiza
aqbur

lección
dəres

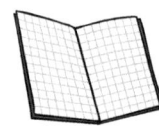
cuaderno de notas
sıynıf jurnalı

examen
imtixan

certificado
sertifikat

uniforme escolar
məktəp forması

educación
məğərif

enciclopedia
ensiklopediyə

universidad
universitə

microscopio
mikroskop

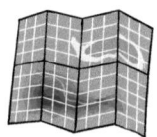
mapa
xarita

papelera
çüp qəğəz çiləge

escuela - məktəp

viaje

səyəxət

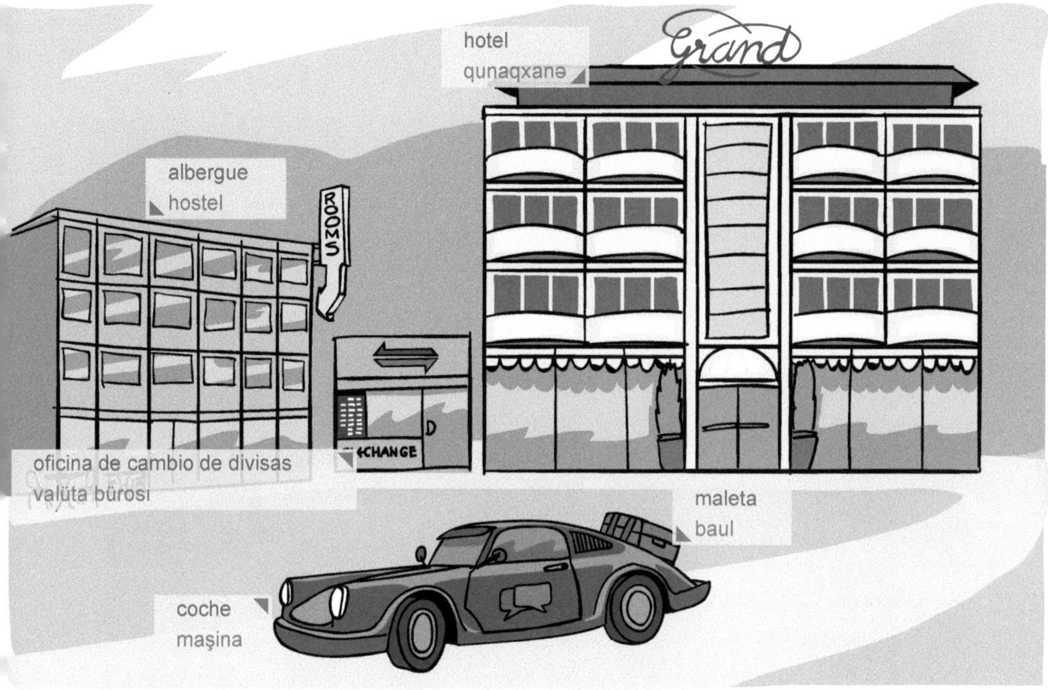

hotel
qunaqxanə
Grand
albergue
hostel
ROOMS
oficina de cambio de divisas
valüta bürosı
EXCHANGE
maleta
baul
coche
maşina

idioma

tel

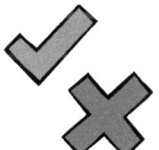

sí / no

əye / yuq

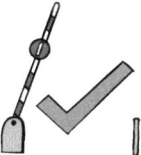

Vale

yarar

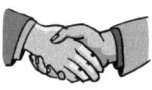

hola

isənmesez

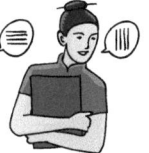

traductor

tərceməçe

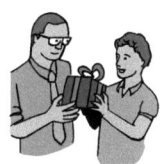

Gracias

Rəxmət

¿cuánto es…?	No entiendo	problema
… küpme tora?	min añlamıym	problem

¡Buenas tardes!	¡Buenos días!	¡Buenas noches!
Xəyerle kiç!	Xəyerle irtə!	Tınıç yoqı!

adiós	dirección	equipaje
saw bulığız	yünəleş	bagaj

bolsa	mochila	invitado
buqça	biştər	qunaq

habitación	saco de dormir	tienda de campaña
bülmə	yoqı qapçığı	çatır

viaje - səyəxət

información turística	playa	tarjeta de crédito
turist məğlüməte	qomsal	kredit kərte

desayuno	almuerzo	cena
irtənge aş	töşlek	kiçke aş

billete	ascensor	sello
bilet	lift	marka

frontera	aduana	embajada
çik	tamğaxanə	ilçelek

visa	pasaporte
viza	pasport

viaje - səyəxət

transporte
transport

avión
oçqıç

barco
kərap

coche de bomberos
yanğın maşinası

camión
töyər

autobús
awtobus

lancha a motor
motorlı köymə

bicicleta
səpid

coche
maşina

transbordador

boram

barca

köymə

moto

motosiklət

coche de policía

polisə maşinası

coche de carreras

uzış maşinası

coche de alquiler

kiralıq maşina

préstamo de vehículos
karşering

grúa
tartuçı

camión de la basura
çüp töyəre

motor
motor

gasolina
yağulıq

gasolinera
benzinlek

señal de tráfico
trafik bilgese

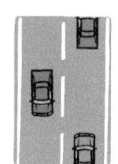

tráfico
xərəkət

atasco
böke

aparcamiento
parking

estación de tren
stansa

vías
rəy

tren
trən

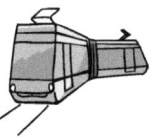

tranvía
tramway

vagón
vagon

transporte - transport

helicóptero
boralaq

aeropuerto
hawa alanı

torre
manara

pasajero
yulçı

contenedor
konteyner

caja de cartón
alap

carretilla
yök arbası

cesta
səbət

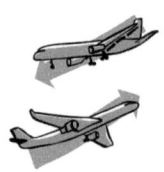
despegar / aterrizar
qalqu / töşü

ciudad
şəhər

pueblo
awıl

centro de ciudad
şəhər üzəge

casa
yort

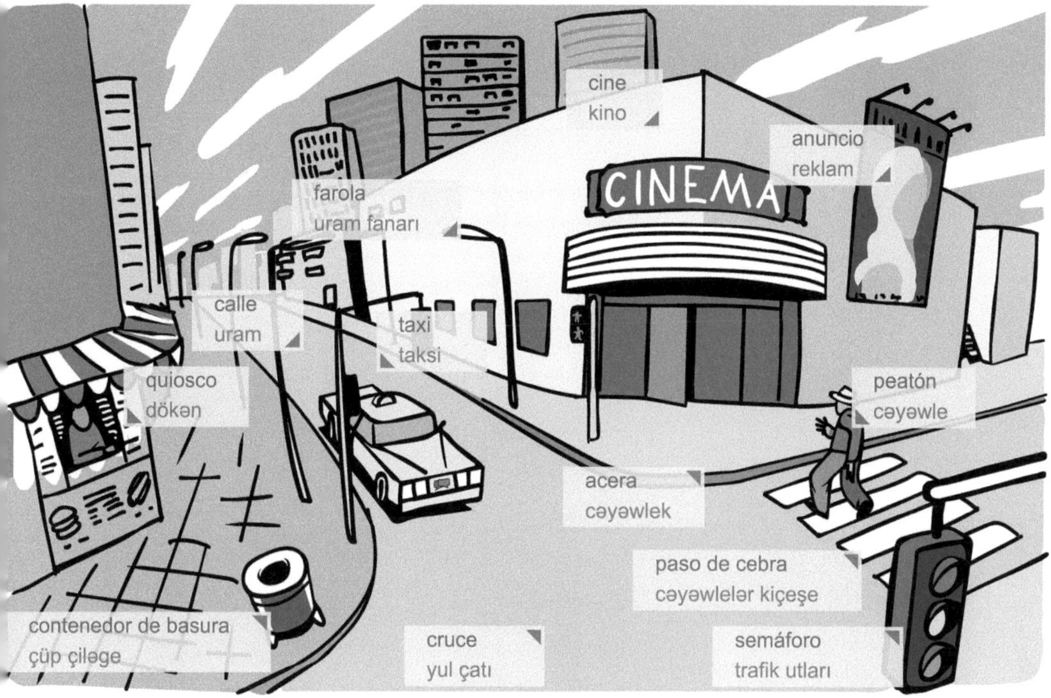

cabaña
alaçıq

apartamento
fatir

estación de tren
stansa

ayuntamiento
şəhər xakimiyətе

museo
yədkərxanə

escuela
məktəp

ciudad - şəhər

universidad
universitə

banco
bank

hospital
xastaxanə

hotel
qunaqxanə

farmacia
daruxanə

oficina
ofis

librería
kitap kibete

tienda
kibet

floristería
çəçək kibete

supermercado
supermarket

mercado
bazar

grandes almacenes
zur kibet

pescadería
balıq kibete

centro comercial
səwdə üzəge

puerto
liman

ciudad - şəhər

parque
park

banco
eskəmiyə

puente
küper

escaleras
basqıç

metro
metro

túnel
tunnel

parada de autobús
awtobus tuqtalışı

bar
bar

restaurante
restoran

buzón
yamıl tartması

poste indicador
uram bilgese

parquímetro
parking sanağıçı

zoo
xaywan baqçası

piscina
xəwezxanə

mezquita
məçet

ciudad - şəhər

granja
çeftlek

contaminación
kerlelek

cementerio
zirat

iglesia
çirkəw

patio de juego
uyın alanı

templo
ğibädätxanä

paisaje
tirə-yün

- hoja / yafraq
- señal / yul kürsətkeçe
- camino / yul
- prado / bolın
- piedra / taş
- árbol / ağaç
- excursionista / yöreşce
- río / yılğa
- hierba / ülən
- flor / çəçək

paisaje - tirə-yün

valle
üzən

colina
qalqulıq

lago
kül

bosque
urman

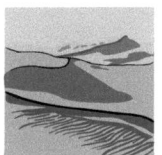

desierto
çül

volcán
yanartaw

castillo
nığıtma

arcoíris
salawat küpere

champiñón
gömbə

palmera
palma

mosquito
çerki

mosca
çeben

hormiga
qırmısqa

abeja
bal qortı

araña
ürməküç

escarabajo
qoñğız

rana
baqa

ardilla
tiyen

erizo
kerpe

liebre
quyan

lechuza
yabalaq

pájaro
qoş

cisne
aqqoş

jabalí
qaban duñğızı

ciervo
bolan

alce
poşıy

presa
tuan

turbina eólica
cir turbini

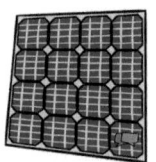

panel solar
qoyaş panele

clima
iqlim

restaurante
restoran

camarero
tabınçı

menú
saylaq

silla
urındıq

sopa
aş

pizza
pitsa

cubertería
çəneçke-pıçaq taqımı

mantel
aşyawlıq

primer plato
qabımlıq

plato principal
töp aşamlıq

postre
tatlı

bebidas
eçemleklər

comida
azıq

botella
şeşə

restaurante - restoran

comida rápida
fastfud

comida callejera
uram rizığı

tetera
çəygün

azucarero
şikər sawıtı

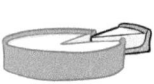
porción
salım

cafetera expreso
espresso maşını

trona
biyek urındıq

cuenta
xisap

bandeja
töger

cuchillo
pıçaq

tenedor
çəneçke

cuchara
qaşıq

cucharilla
çəy qaşığı

servilleta
tastımal

vaso
tustağan

restaurante - restoran

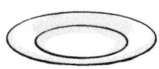
plato
tabaq

plato hondo
aş tabağı

platillo
cəypək

salsa
sous

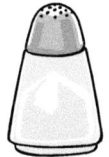
salero
toz sawıtı

molinillo de pimienta
borıç tegermәne

vinagre
serkә

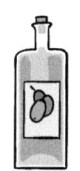
aceite
sıyıq may

especias
tәmlәtkeç

ketchup
ketçup

mostaza
xәrdәl

mayonesa
mayonez

supermercado
supermarket

oferta especial
maxsus təqdim

cliente
satıp aluçılar

lácteos
söt eşlənmələre

carro de la compra
kibet arbası

fruta
cimeş

carnicería
it kibete

panadería
ikməkxanə

pesar
ülçəw

verduras
yəşelçə

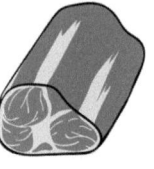

carne
it

alimentos congelados
tuñdırılğan aşamlıqlar

supermercado - supermarket

fiambres
suıq it

conservas
kənsirləngən aşamlıq

detergente en polvo
ker tuzı

dulces
şikərləmələr

productos de uso doméstico
öy eşlənmələre

productos de limpieza
təmizlek eşlənmələre

vendedora
satuçı

caja
yazuçı kassa

cajero
kassir

lista de la compra
satıp alu isemlege

horario de atención al público
eş waqıtı

cartera
qalta

tarjeta de crédito
kredit kərte

bolsa
buqça

bolsa de plástico
plastik qapçıq

supermercado - supermarket

bebidas
eçemleklər

agua
su

zumo
sut

leche
söt

cola
kola

vino
şərəb

cerveza
sıra

alcohol
xəmer

cacao
kakao

té
çəy

café
qəhwə

expreso
espresso

capuchino
kapuçino

comida
azıq

plátano — manzana — naranja
banan — alma — əflisun

melón — limón — zanahoria
qarbız — limon — kişer

ajo — bambú — cebolla
sarımsaq — bambu — suğan

champiñón — avellanas — fideos
gömbə — çikləweklər — toqmaç

comida - azıq

espagueti	arroz	ensalada
spagetti	döge	salat

patatas fritas	patatas fritas	pizza
çips	qızdırılğan bərəñge	pitsa

hamburguesa	sándwich	filete
hamburger	sandwiç	kətlit

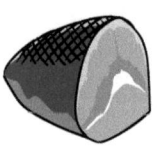  

jamón	salami	salchicha
ветчина	salami	sosis

pollo	asado	pescado
tawıq ite	qızdırma	balıq

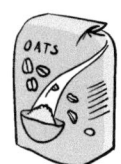
copos de avena
solı izməse

muesli
müsli

copos de maíz
məkkəy keterdege

harina
on

cruasán
kruassan

panecillo
ipi tügərəge

pan
ikmək

tostada
tost

galletas
kətərməç

mantequilla
may

cuajada
eremçek

pastel
kəyk

huevo
yomırqa

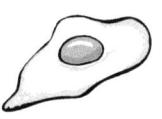
huevo frito
təbə

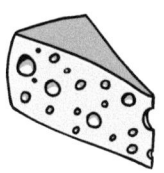
queso
pəynir

comida - azıq

helado	azúcar	miel
tuñdırma	şikər	bal

mermelada	crema de turrón	curry
qaynatma	şokolad izməse	karri

granja
çeftlek

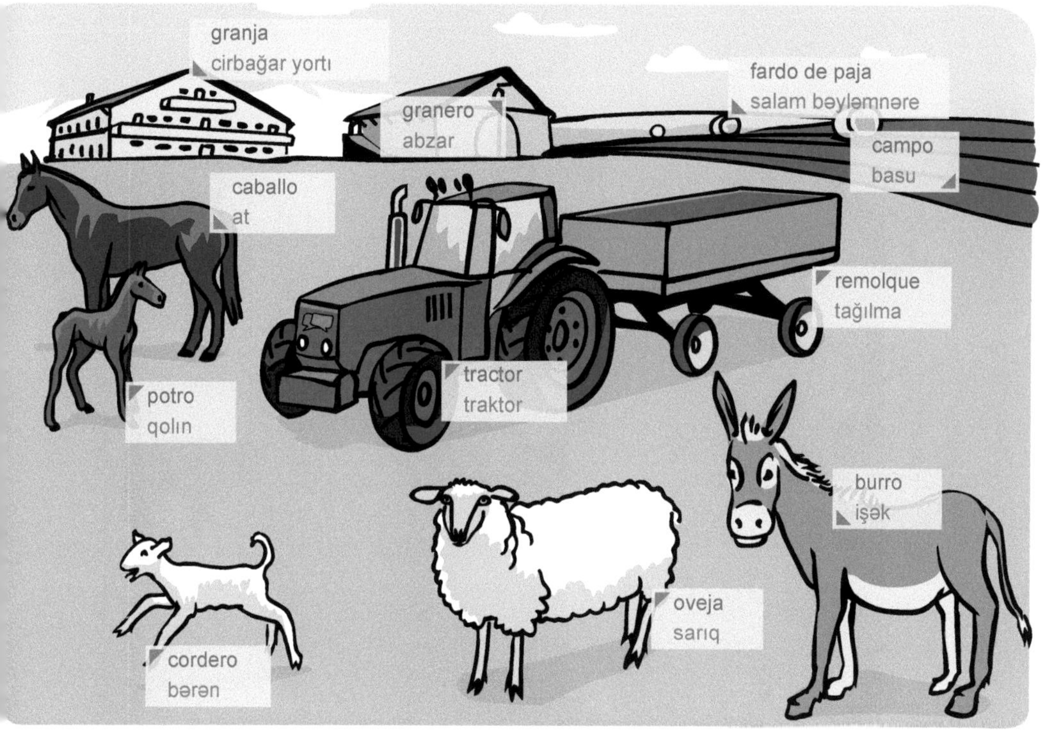

granja
cirbağar yortı

granero
abzar

fardo de paja
salam bəyləmnərə

campo
basu

caballo
at

potro
qolın

tractor
traktor

remolque
tağılma

burro
işək

cordero
bərən

oveja
sarıq

cabra

kəcə

vaca

sıyır

ternero

bozaw

cerdo

duñğız

cerdito

duñğız balası

toro

ügez

ganso
qaz

pato
ürdək

pollo
çebi

gallina
tawıq

gallo
ətəç

rata
küse

gato
pesi

ratón
tıçqan

buey
eş ügeze

perro
et

perrera
et oyası

manguera
baqça xortumı

regadera
susipkeç

guadaña
çalğı

arado
saban

hoz
uraq

azada
kitmən

horca
sənək

hacha
balta

carretilla
qul arbası

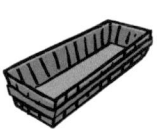

abrevadero
tağaraq

lechera
söt çiləge

saco
qapçıq

valla
qoyma

establo
abzar

invernadero
essexanə

suelo
tufraq

semilla
orlıq

fertilizador
aşlama

cosechadora
kombayn

granja - çeftlek

cosechar
uñış cıyarğa

cosecha
uñış

ñame
yam

trigo
boday

soja
soya

patata
bərəñge

maíz
məkkəy

semilla de colza
raps

árbol frutal
cimeş ağaçı

mandioca
manyok

cereales
börteklelər

granja - çeftlek

casa
yort

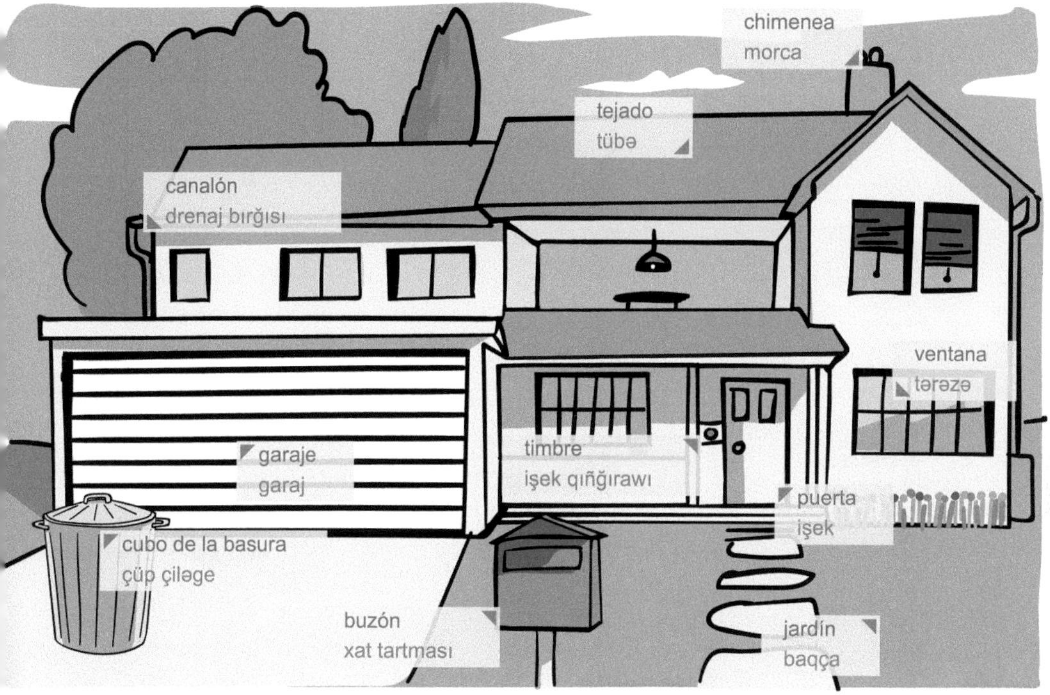

- chimenea / morca
- tejado / tübə
- canalón / drenaj bırğısı
- ventana / tərəzə
- garaje / garaj
- timbre / işek qıñğırawı
- puerta / işek
- cubo de la basura / çüp çiləge
- buzón / xat tartması
- jardín / baqça

sala
qunaq bülməse

cuarto de baño
yuınu bülməse

cocina
aş bülməse

dormitorio
yataq bülməse

habitación de los niños
bala bülməse

comedor
aş bülməse

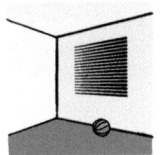

suelo
idän

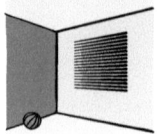

pared
diwar

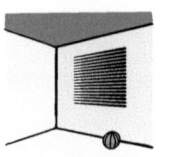

techo
tüşəm

sótano
tülə

sauna
sawna

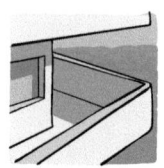

balcón
balkon

terraza
teras

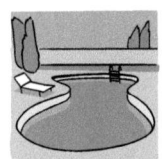

piscina
xəwez

cortacésped
çirəmçapqıç

sábana
cəymə

colcha
yataq yapması

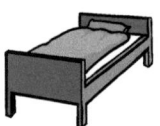

cama
yataq

escoba
seberke

balde
çilək

interruptor
özgeç

casa - yort

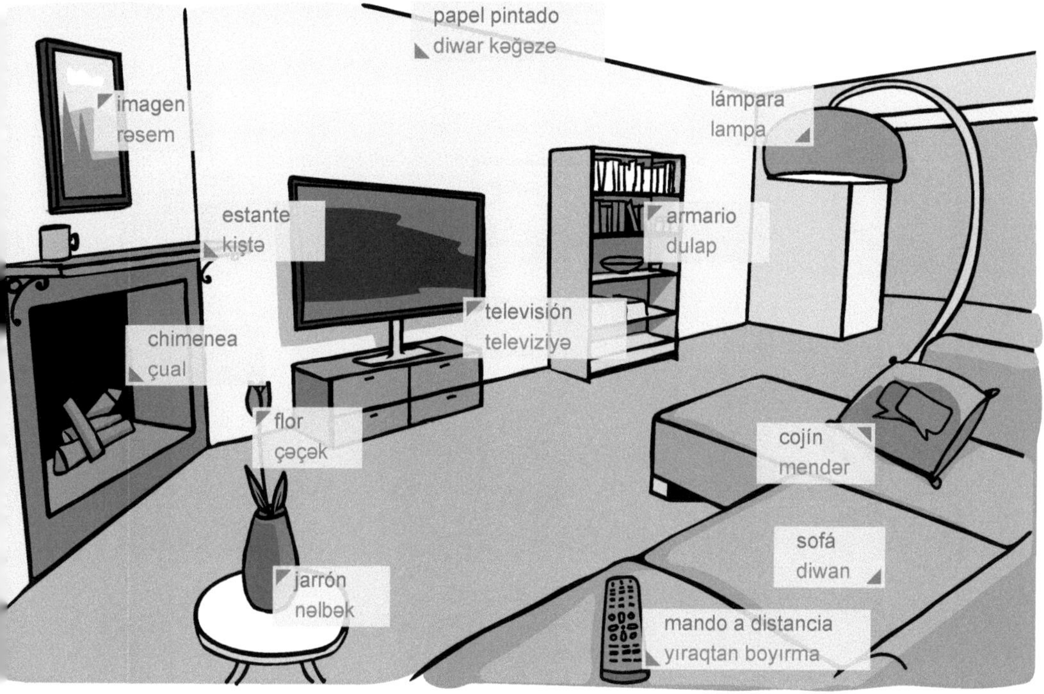

sala
qunaq bülməse

- papel pintado / diwar kəğəze
- imagen / rəsem
- lámpara / lampa
- estante / kiştə
- armario / dulap
- chimenea / çual
- televisión / televiziyə
- cojín / mendər
- flor / çəçək
- sofá / diwan
- jarrón / nəlbək
- mando a distancia / yıraqtan boyırma

alfombra
keləm

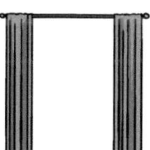

cortina
pərdə

mesa
östəl

silla
urındıq

mecedora
tirbəlmə urındıq

butaca
kənəfi

sala - qunaq bülməse

libro
kitap

manta
yapma

decoración
dekor

leña
utın

película
film

equipo de música
hi-fi

llave
açqıç

periódico
gəcit

pintura
sürət

póster
poster

radio
radio

cuaderno
quyın dəftəre

aspiradora
tuzansuırğıç

cactus
kaktus

vela
şəm

sala - qunaq bülməse

cocina
aş bülməse

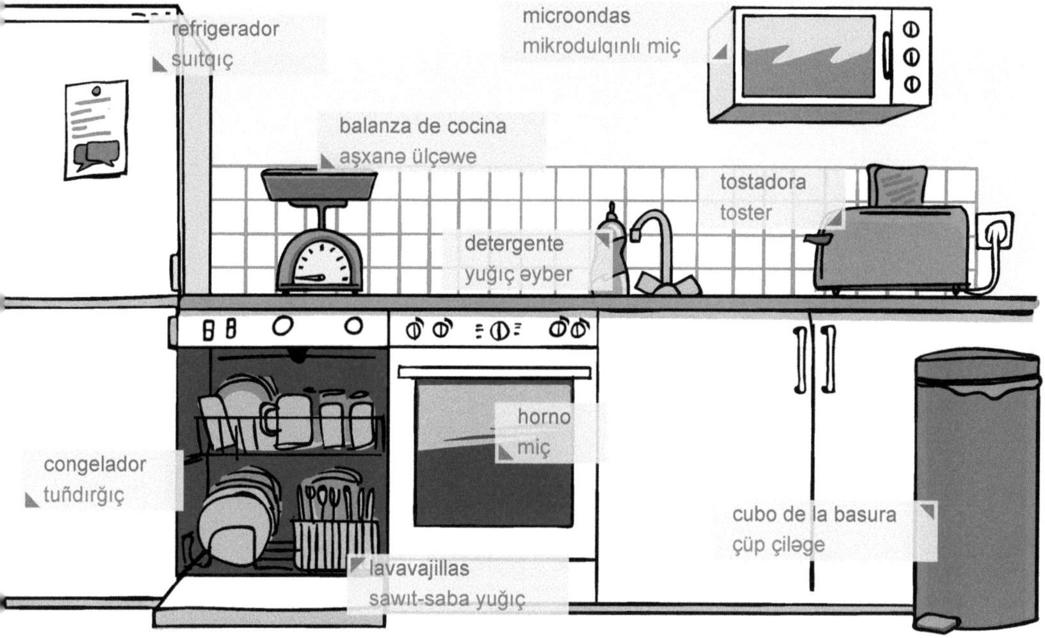

- refrigerador / suitqıç
- microondas / mikrodulqınlı miç
- balanza de cocina / aşxanə ülçəwe
- tostadora / toster
- detergente / yuğıç əyber
- congelador / tuňdırğıç
- horno / miç
- cubo de la basura / çüp çiləge
- lavavajillas / sawıt-saba yuğıç

olla a presión
əwsək

olla
sağan

olla de hierro fundido
çuyın sağan

wok / karahi
wok

cazuela
taba

hervidor
çəygün

vaporera
bulı peşergeç

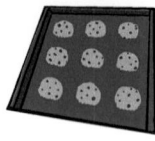

chapa de horno
qalay

vajilla
sawıt-saba

taza
təgəç

tazón
kəsə

palillos
aşaw tayaqçıqları

cucharón
ucaw

espumadera
spatula

batidor
tuğlağıç

colador
sözgeç

cedazo
ilək

rallador
qırğıç

mortero
kile

barbacoa
barbekü

hoguera
açıq uçaq

cocina - aş bülməse

tabla de picar
taqta

rodillo
uqlaw

sacacorchos
böke suırğıç

lata
metal tartma

abrelatas
kənsir açqıç

agarrador
miç biyələye

lavabo
kirşən

cepillo
fırça

esponja
bolıt

batidora
blender

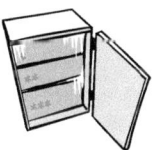

congelador
tirən tuñdırğıç

biberón
imezlekle şeşə

grifo
çömək

cocina - aş bülməsə

cuarto de baño
yuınu bülməsе

- calefacción / cılıtu
- ducha / duş
- toalla / sölge
- cortina de la ducha / duş pərdəsе
- baño de espuma / kübekle vanna
- bañera / vanna
- vaso / tustağan
- lavadora / ker yuğıç
- grifo / çömək
- baldosas / fayans
- orinal / lazemlek
- lavabo / kirşən

inodoro
bədrəf

inodoro rústico
törekçə bədrəf

bidé
bide

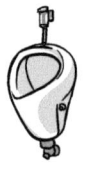

urinario
pissuar

papel higiénico
bədrəf kəğəze

escobilla del váter
bədrəf fırçası

cepillo de dientes

teş fırçası

pasta de dientes

teş məğcüne

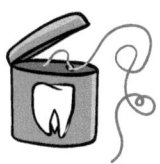

hilo dental

teş cebe

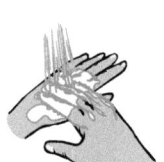

lavar

yuarğa

ducha de mano

duş başlığı

ducha íntima

duş

pila

kirşən

cepillo de espalda

arqa fırçası

jabón

sabın

gel de ducha

duş señəle

champú

şampun

toallita

munçala

desagüe

ağım

crema

krem

desodorante

dezodorant

cuarto de baño - yuınu bülməse

espejo
közge

espejo de tocador
qul közgese

maquinilla de afeitar
östərə

espuma de afeitar
qırınu kübege

loción postafeitado
qırınu losyonı

peine
taraq

cepillo
fırça

secador
fön

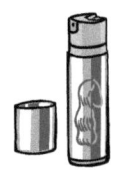

laca
çəç sprəye

maquillaje
makiyaj

pintalabios
iren innege

pintauñas
tırnaq cələse

algodón
mamıq

cortauñas
tırnaq qayçısı

perfume
xuşbuy

cuarto de baño - yuınu bülməse

estuche de viaje

makiyaj buqçası

banqueta

utırğıç

balanza

ülçəw

albornoz

çoba

guantes de goma

rezin iləsə

tampón

tampon

compresa

higiyenik pəd

inodoro químico

kimiyəwi bədrəf

cuarto de baño - yuınu bülməse

habitación de los niños
bala bülməse

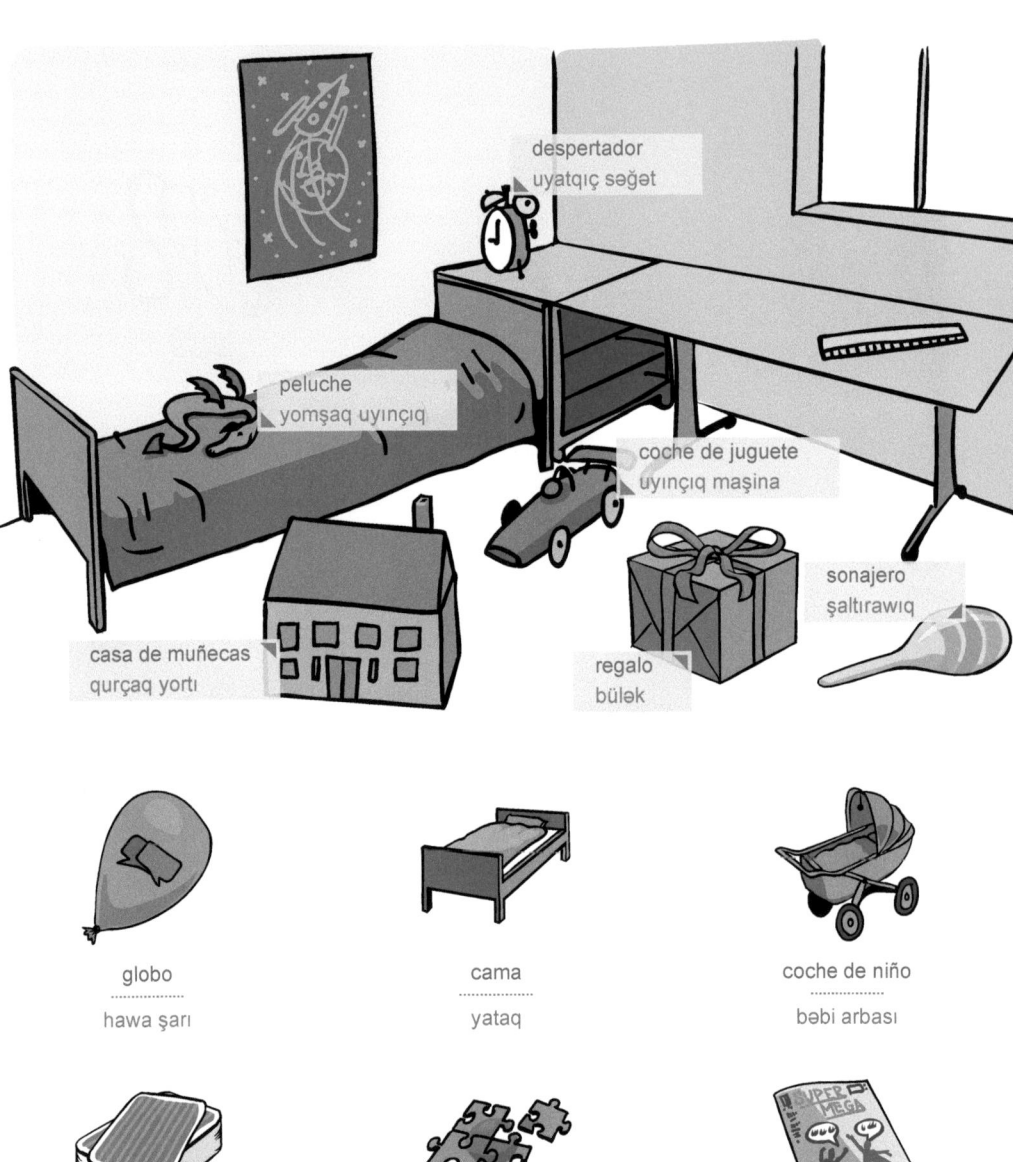

piezas de lego

lego kirpeçlәre

bloques de juguete

şaqmaqlar

figura de acción

uyın sınçığı

bodi (de bebé)

zıbın

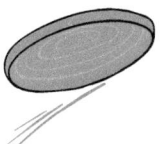

frisbee

frisbi

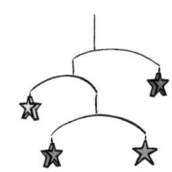

colgador móvil para bebés

mobil

juego de mesa

östәl uyını

dados

uyın taşı

circuito de tren eléctrico

trәn modele cıyılması

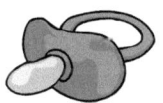

maniquí

imezlek

fiesta

kiçә

álbum de fotos

rәsemle kitap

pelota

tup

muñeca

qurçaq

jugar

uynarğa

habitación de los niños - bala bülmәse

cajón de arena
qomlıq

columpio
tağan

juguetes
uyınçıqlar

videoconsola
uyın quşması

triciclo
öç köpçəkle səpid

oso de peluche
uyınçıq ayu

guardarropa
kiyem dulabı

ropa
kiyem

calcetines
oyıqbaş

medias
oyıq

leotardos
oyığıştan

bodi	pantalones	vaqueros
bodi	çalbar	jins

falda	blusa	camisa
itək	bluz	külmək

jersey	suéter	blazer
sviter	hudi	bleyzer

chaqueta	abrigo	gabardina
jaket	bişmət	yañğırlıq

traje	vestido	vestido de novia
kəçtüm	külmək	tuy külməge

ropa - kiyem

traje
taqım kiyem

camisón
tönge külmək

pijama
pijama

sari
sari

bandana
yawlıq

turbante
çalma

burka
burqa

caftán
çapan

abaya
abaya

traje de baño
qoyınu kiyeme

bañador
yözü tənbanı

pantalones cortos
şort

chándal
sport kiyeme

delantal
alyapqıç

guantes
iləsə

botón
töymə

gafas
küzlek

brazalete
beləzek

collar
muyınsa

anillo
baldaq

pendiente
alqa

gorra
kəpəç

percha
elgeç

sombrero
eşləpə

corbata
muyınbaw

cremallera
zıncır

casco
oçlam

tirantes
çalbar asması

uniforme escolar
məktəp forması

uniforme
forma

ropa - kiyem

babero
balalar kükrəkçəse

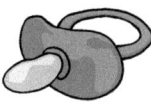
maniquí
imezlek

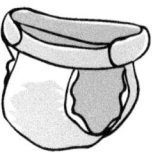
pañal
küzələ

oficina
ofis

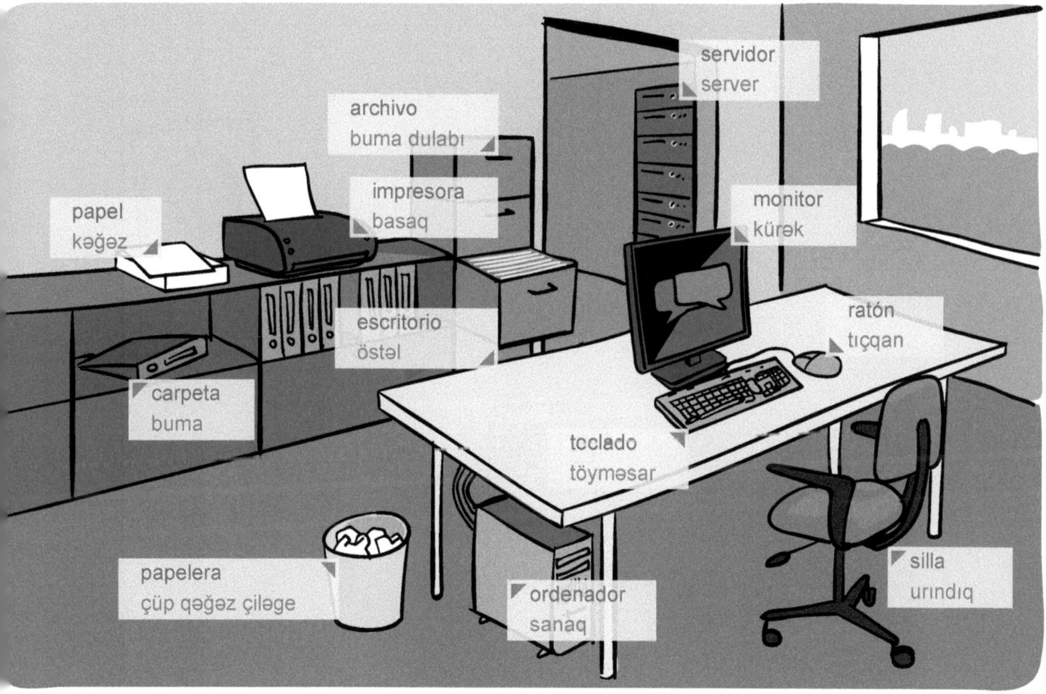

- servidor / server
- archivo / buma dulabı
- impresora / basaq
- papel / kəğəz
- escritorio / östəl
- carpeta / buma
- monitor / kürək
- ratón / tıçqan
- teclado / töyməsar
- papelera / çüp qəğəz çiləge
- ordenador / sanaq
- silla / urındıq

taza de café
qəhwə təgəce

calculadora
sansanar

internet
internet

portátil
ləptop

carta
xat

mensaje
xəbər

móvil
kesə telefonı

red
çeltər

fotocopiadora
fotokopyaçı

software
program təminatı

teléfono
telefon

toma de corriente
ayırğıç

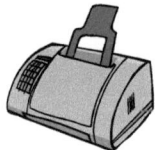
fax
faks

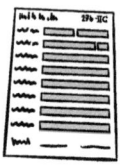
formulario
form

documento
dokument

oficina - ofis

economía
iqtisad

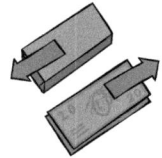
comprar
satıp alırğa

pagar
tülərgə

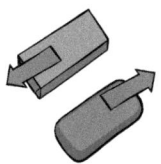
comerciar
səwdə itərgə

dinero
aqça

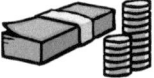
dólar
dollar

euro
euro

yen
yen

rublo
sum

franco suizo
frank

renminbi yuan
yuan

rupia
rupi

cajero automático
bankomat

oficina de cambio de divisas

valüta bürosı

oro

altın

plata

kömeş

petróleo

qaramay

energía

energiyə

precio

bəyə

contrato

kontrakt

impuesto

salım

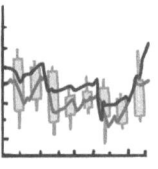

acción

stok

trabajar

eşlərgə

empleado

eşçe

empleador

eş birüçe

fábrica

fabrika

tienda

kibet

economía - iqtisad

oficios
hönərlər

- agente de policía / polisə xezmətkərə
- bombero / yanğın sünderüçe
- cocinero / aşçı
- médico / tabib
- piloto / oçuçı

jardinero
baqçaçı

carpintero
ağaç ostası

costurera
tegüçe

juez
xökemçe

farmacéutico
kimiyəçe

actor
aktor

conductor de autobús
awtobus yörtüçe

taxista
taksiçe

pescador
balıqçı

señora de la limpieza
cıyıştıruçı xatın

techador
tübə yabuçı

camarero
tabınçı

cazador
awçı

pintor
rəssam

panadero
ikməkçe

electricista
elektrçı

obrero
tözüçe

ingeniero
möhəndis

carnicero
itçe

fontanero
çöməkçe

cartero
yamılçı

oficios - hönərlər

soldado
ğəskəri

arquitecto
miğmar

cajero
kassir

florista
çəçəkçe

peluquero
çəçtaraş

revisor
konduktor

mecánico
mekanik

capitán
kapitan

dentista
teş tabibı

científico
ğalim

rabino
rabbi

imán
imam

monje
kəşiş

sacerdote
ruxani

herramientas
alətlər

martillo
çəkəc

alicates
qarğaborın

destornillador
şörepborğıç

llave
İngliz açqıçı

linterna
qul fanarı

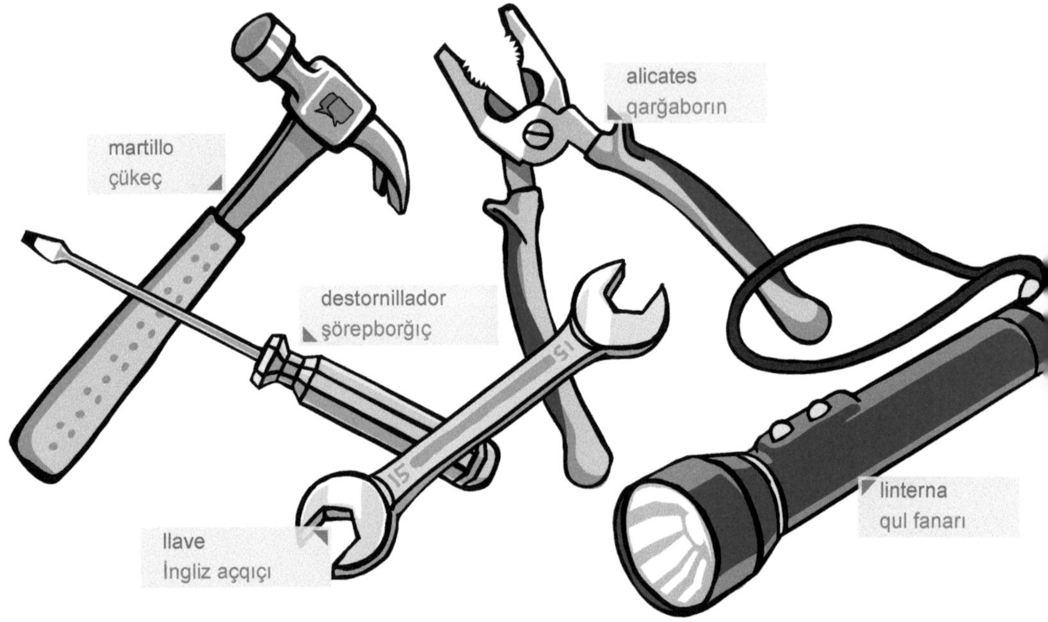

excavadora

qazu maşinası

caja de herramientas

ələt buqçası

escalera de mano

basqıç

sierra

pıçqı

clavos

qadaqlar

taladro

dril

reparar
tözətergə

pala
körək

¡Maldita sea!
Şaytan alğırı!

recogedor
sosqı

bote de pintura
buyaw sawıtı

tornillos
mıqlar

instrumentos musicales
muzıka alətlərе

altavoz
tawış köçəytkeç

batería
dawılbaz taqımı

guitarra
gitar

contrabajo
kontrabas

trompeta
bırğı

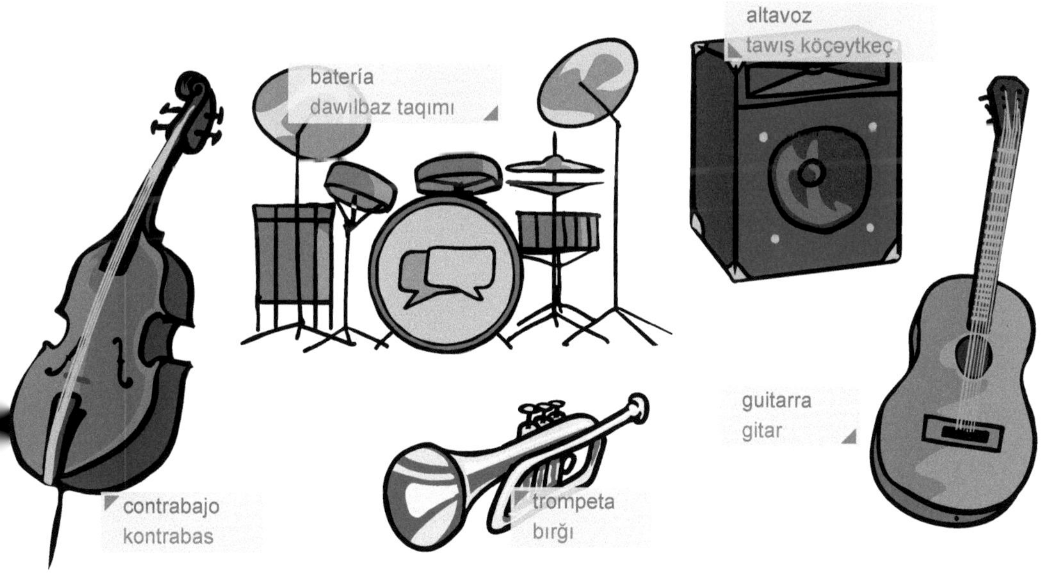

piano	violín	bajo
piano	kəmən	bas gitar

timbales	tambor	teclado
timpani	dawılbaz	töyməsar

saxofón	flauta	micrófono
saksofon	flüt	mikrofon

instrumentos musicales - muzıka alətləre

ZOO
xaywan baqçası

- entrada / kerü
- tigre / yulbarıs
- jaula / çitlek
- cebra / zebra
- pienso / terlek azığı
- panda / panda

animales
xaywannar

elefante
fil

canguro
köngerə

rinoceronte
kərkədən

gorila
gorilla

oso
ayu

zoo - xaywan baqçası

camello
döyə

avestruz
təwə qoşı

león
arıslan

mono
maymıl

flamingo
flamingo

loro
tutıy qoş

oso polar
aq ayu

pingüino
pingwin

tiburón
küpek balığı

pavo real
tawis

serpiente
yılan

cocodrilo
timsax

guardián de zoológico
xaywan baqçası xezmətkəre

foca
suete

jaguar
yaguar

zoo - xaywan baqçası

poni
poni

leopardo
qaplan

hipopótamo
su ayğırı

jirafa
zörəfə

águila
börket

jabalí
qaban duñğızı

pescado
balıq

tortuga
taşbaqa

morsa
morşa

zorro
tölke

gacela
ğəzəl

zoo - xaywan baqçası

deportes
sport törləre

fútbol americano / Amerika futbolı
ciclismo / səpid
tenis / tennis
baloncesto / basketbol
natación / yözü
boxeo / boks
hockey sobre hielo / xokkey

fútbol / futbol

bádminton / badminton

atletismo / atletika

balonmano / handbol

esquí / çañğı

polo / polo

actividades
itkenleklər

saltar / sikerergə

reír / kölərgə

abrazar / qoçaqlarğa

caminar / yörergə

cantar / cırlarğa

soñar / xıyallanırğa

rezar / ğibədət qılırğa

besar / übərgə

escribir
yazarğa

dibujar
rəsem yasarğa

mostrar
kürsətergə

empujar
etərgə

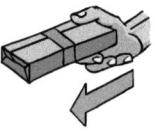

dar
birergə

tomar
alırğa

tener
iyə bulırğa

hacer
eşlərgə

ser
bulırğa

estar de pie
basıp torırğa

correr
yögerergə

tirar
tartırğa

tirar
taşlarğa

caer
yığılırğa

yacer
yatarğa

esperar
kötərgə

llevar
taşırğa

estar sentado
utırırğa

vestirse
kiyenergə

dormir
yoqlarğa

despertar
uyanırğa

mirar

qararğa

llorar

yılarğa

acariciar

sıyparğa

peinar

tararğa

hablar

söyləşergə

entender

añlarğa

preguntar

sorarğa

escuchar

tıñlarğa

beber

eçərgə

comer

aşarğa

ordenar

cıyıştırınırğa

amar

söyərgə

cocinar

peşerergä

conducir

sörergə

volar

oçarğa

actividades - itkenleklər

navegar
diñgezgə açılu

calcular
isəpləw

leer
uqırğa

aprender
öyrənergə

trabajar
eşlərgə

casarse
öylənergə

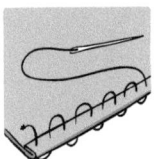
coser
tegərgə

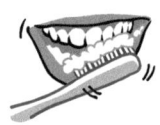
cepillarse los dientes
teş fırçalarğa

matar
üterergə

fumar
təməke tartırğa

enviar
cibərergə

actividades - itkenleklər

familia
ğailə

abuela
əbi

abuelo
babay

padre
ata

madre
ana

bebé
sabıy

hija
qız

hijo
ul

invitado

qunaq

tía

apa

tío

abıy

hermano

abıy / ene

hermana

apa / señel

cuerpo
tən

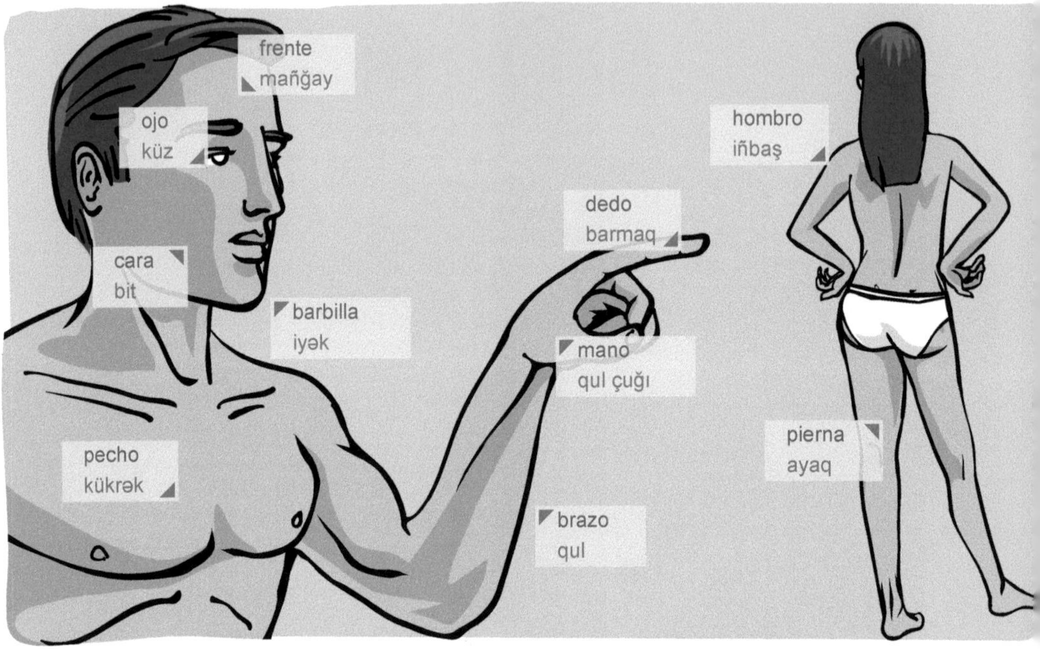

frente
mañğay

ojo
küz

hombro
iñbaş

dedo
barmaq

cara
bit

barbilla
iyək

mano
qul çuğı

pecho
kükrək

pierna
ayaq

brazo
qul

bebé
sabıy

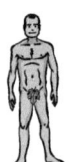
hombre
ir

mujer
xatın

chica
qız

chico
malay

cabeza
baş

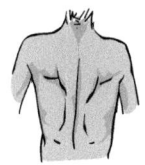

espalda
arqa

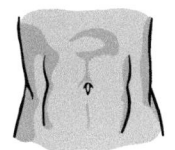

vientre
eç

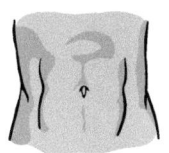

ombligo
kendek

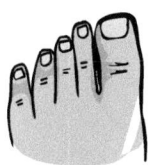

dedo del pie
ayaq barmağı

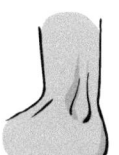

talón
ükçə

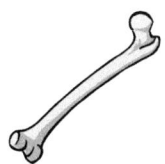

hueso
söyək

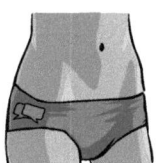

cadera
bot

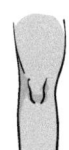

rodilla
tez

codo
tersək

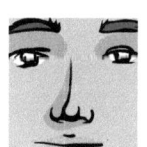

nariz
borın

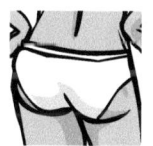

trasero
art san

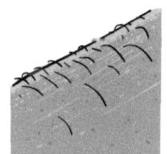

piel
tire

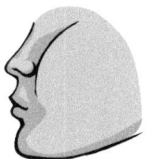

mejilla
yañaq

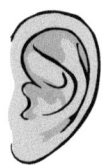

oído
qolaq

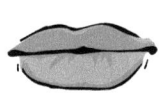

labio
iren

boca
awız

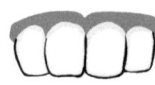
diente
teş

lengua
tel

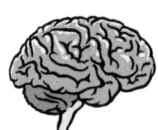
cerebro
mi

corazón
yörək

músculo
ğəzlə

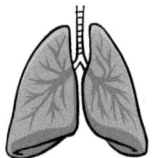
pulmón
üpkə

hígado
bawır

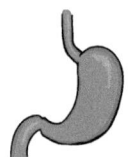
estómago
aşqazanı

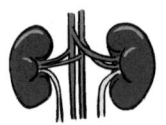
riñones
böyerlər

sexo
seks

condón
prezervativ

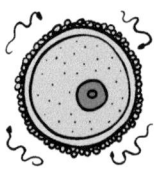
ovario
kükəy küzənək

semen
məni

embarazo
kömən

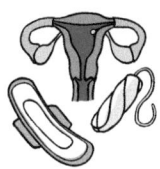

menstruación
kürem

vagina
vagina

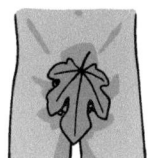

pene
penis

ceja
qaş

pelo
çəçlər

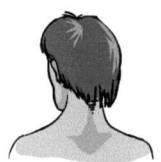

cuello
muyın

hospital
xastaxanə

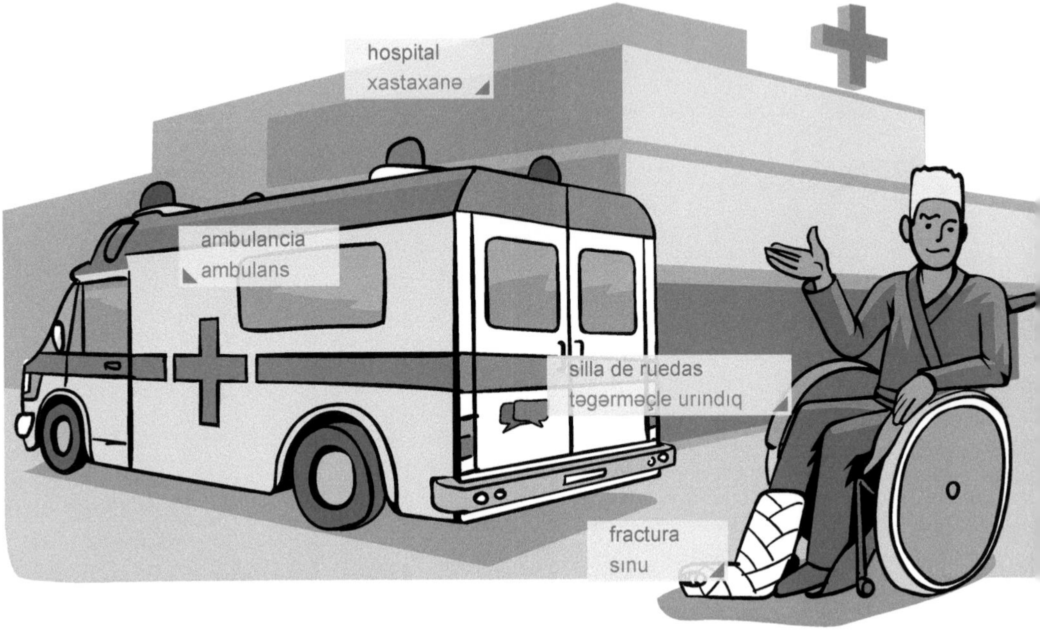

hospital
xastaxanə

ambulancia
ambulans

silla de ruedas
təgərməcle urındıq

fractura
sınu

médico
tabib

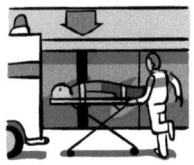

sala de urgencias
aşığıç yərdəm bülməse

enfermera
şəfqət tutaşı

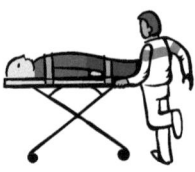

urgencia
kiçektergesez xəl

inconsciente
añsız

dolor
awırtu

lesión
cərəxətlənü

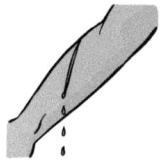
hemorragia
qan ağu

infarto
infarkt

ictus
insult

alergia
allergiyə

tos
yütəl

fiebre
qızu

gripe
grip

diarrea
eç kitü

dolor de cabeza
baş awırtu

cáncer
yaman şeş

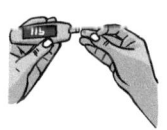
diabetes
diabet

cirujano
xirurg

bisturí
skalpel

operación
ğəməliyət

hospital - xastaxanə

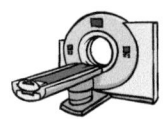
TAC
ST

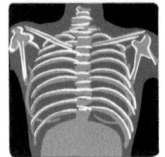
rayos x
röntgen

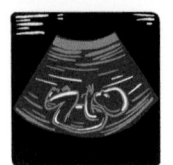
ultrasonido
ultratawış

mascarilla
bitlek

enfermedad
awıru

sala de espera
kötü bülməse

muleta
qultıq tayağı

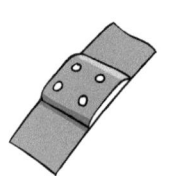
tirita
plaster

venda
bəyləweç

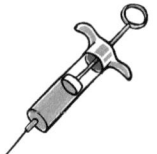
inyección
qadaw

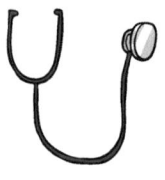
estetoscopio
stetoskop

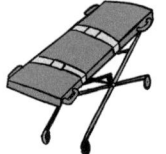
camilla
sədiyə

termómetro
klinik termometr

nacimiento
tuu

sobrepeso
artıq awırlıq

hospital - xastaxanə

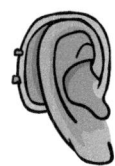
audífono
işetü cihazı

desinfectante
dezinfektant

infección
yoğış

virus
virus

VIH / SIDA
KİV / BİDS

medicina
daru

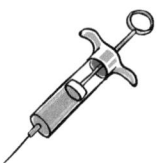
vacunación
vaksinalanu

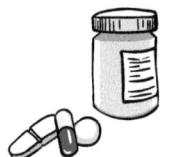
tabletas
tabletlər

pastilla
kontraseptiv tablet

llamada de urgencia
aşığıç çaqıru

tensiómetro
qan basımı ülçəgeçe

enfermo / sano
awıru / sələmət

urgencia
kiçektergesez xəl

¡Socorro!
Qotqarığız!

alarma
xəwef tawışı

asalto
höcüm

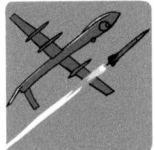

ataque
höcüm

peligro
qurqınıç

salida de emergencia
aşığıç çığu

¡Fuego!
Yangın!

extintor de incendios
ut sündergeç

accidente
qaza

botiquín de primeros auxilios
berençe yərdəm buqçası

SOS
SOS

policía
polisə

tierra
Cir

Europa
Awrupa

Norteamérica
Tönyaq Amerika

Sudamérica
Könyaq Amerika

África
Afrika

Asia
Asya

Australia
Awstralya

Atlántico
Atlantik okean

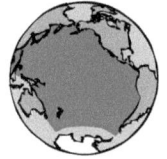

Pacífico
Tın okean

Océano Índico
Hind okeanı

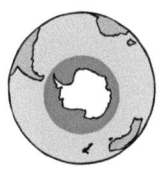

Océano Antártico
Antarktik okean

Océano Ártico
Arktik okean

polo norte
Tönyaq qotıp

polo sur

Könyaq qotıp

Antártida

Antarktika

tierra

Cir

tierra

qorı cir

mar

diñgez

isla

utraw

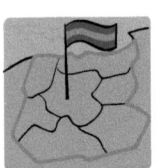

nación

millət

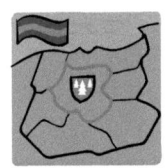

estado

dəwlət

hora(s)
səğət

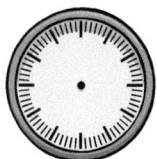

esfera
səğət bite

manecilla de las horas
səğət uğı

minutero
minut uğı

segundero
sekund uğı

¿Qué hora es?
Səğət niçə?

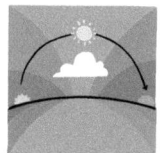

día
kön

tıempo
waqıt

ahora
xəzer

reloj digital
dijital səğət

minuto
minut

hora
səğət

semana
atna

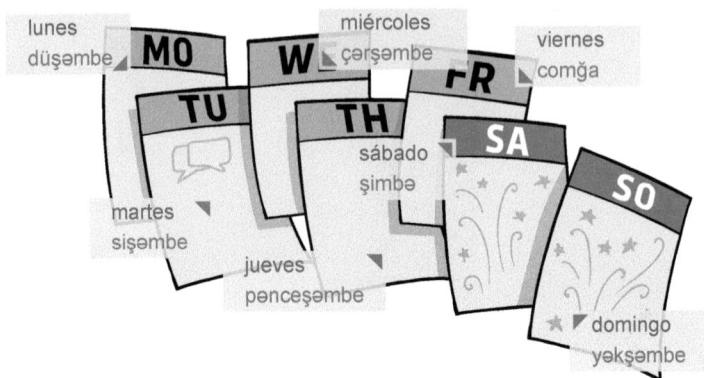

lunes / düşəmbe
martes / sişəmbe
miércoles / çərşəmbe
jueves / pənceşəmbe
viernes / comğa
sábado / şimbə
domingo / yekşəmbe

ayer
kiçə

hoy
bügen

mañana
irtəgə

mañana
irtə

mediodía
töş

tarde
kiç

días laborables
eş könnəre

fin de semana
yal könnəre

año

yıl

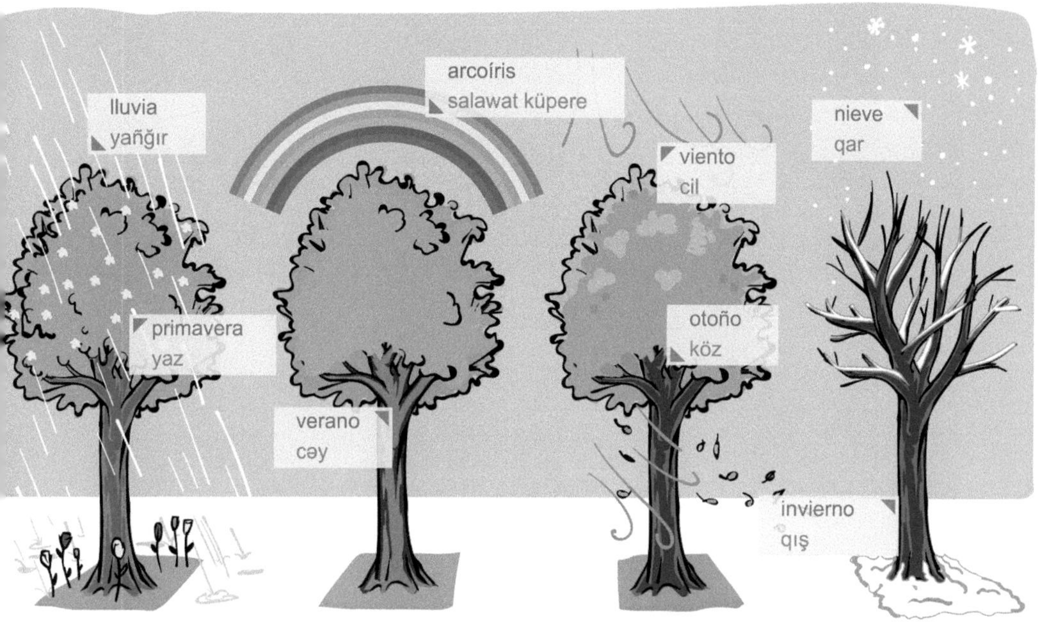

lluvia
yañğır
arcoíris
salawat küpere
nieve
qar
viento
cil
primavera
yaz
otoño
köz
verano
cəy
invierno
qış

4.APRIL 11°
5.APRIL 4°
6.APRIL 13°
7.APRIL 8°
8.APRIL 10°

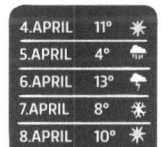

pronóstico del tiempo

....

hawa torışı

F C
120 40
90 30
60 20
30 10
0 0
-30 -10
-20

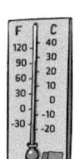

termómetro

....

termometr

sol

....

qoyaş yaqtısı

nube

....

bolıt

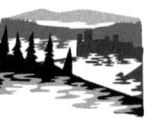

niebla

....

toman

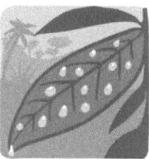

humedad

....

dımlılıq

rayo
yəşen

trueno
kük kükrəw

tormenta
dawıl

granizo
boz

monzón
musson

inundación
su basu

hielo
boz

enero
Qırlaç

febrero
Aqman

marzo
Buşay

abril
Yañarış

mayo
Saban

junio
Çereşmə

julio
Peçən

agosto
Uraq

año - yıl

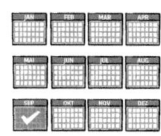
septiembre
Indır

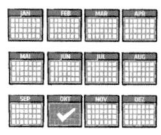
octubre
Bilek

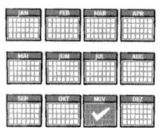
noviembre
Qaraköz

diciembre
Kerəw

formas
şəkellər

circulo
tügərək

cuadrado
dürtkel

rectángulo
turıpoçmaq

triángulo
öçpoçmaq

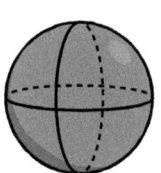
esfera
körrə

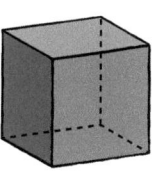
cubo
kub

formas - şəkellər

colores
töslər

blanco
aq

amarillo
sarı

anaranjado
qızğılt sarı

rosa
al

rojo
qızıl

morado
şəməxə

azul
zəñgər

verde
yəşel

marrón
körən

gris
sorı

negro
qara

opuestos
qapma-qarşılıqlar

mucho / poco
küp / az

enojado / tranquilo
usal / tınıç

bonito / feo
matur / yəmsez

principio / fin
baş / axır

grande / pequeño
zur / keçkenə

claro / oscuro
yaqtı / qarañğı

hermano / hermana
abıy, ene / apa, señel

limpio / sucio
taza / pıçraq

completo / incompleto
təmam / təmamlanmağan

día / noche
kön / tön

muerto / vivo
üle / tere

ancho / estrecho
kiñ / tar

comestible / no comestible

aşarğa yaraqlı / aşarğa yaraqsız

malo / amable

yaman / yaxşı

entusiasmado / aburrido

dulqınlanğan / yalıqqan

gordo / delgado

yuan / yabıq

primero / último

berençe / soñğı

amigo / enemigo

dus / doşman

lleno / vacío

tulı / buş

duro / blando

qatı / yomşaq

pesado / ligero

awır / ciñel

hambre / sed

açlıq / susaw

enfermo / sano

awıru / sələmət

ilegal / legal

qanunsız / qanunlı

inteligente / tonto

aqıllı / aqılsız

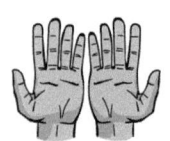

izquierda / derecha

sul / uñ

cerca / lejos

yaqın / yıraq

nuevo / usado
yaña / qullanılğan

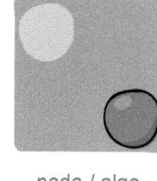

nada / algo
hiçnərsə / nərsəder

viejo / joven
ölkən / yəş

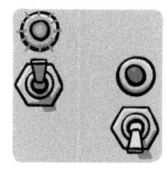

encendido / apagado
qabızdırılğan / sünderelgən

abierto / cerrado
açıq / yabıq

silencioso / ruidoso
tawışsız / göreltele

rico / pobre
bay / yarlı

correcto / incorrecto
döres / yalğış

áspero / suave
qıtırşı / şoma

triste / contento
küñelsez / küñelle

corto / largo
qısqa / ozın

lento / rápido
aqrın / tiz

húmedo / seco
dımlı / qorı

cálido / frío
cılı / salqın

guerra / paz
suğış / tınıçlıq

opuestos - qapma-qarşılıqlar

números
sannar

0
cero
sıfır

1
uno
ber

2
dos
ike

3
tres
öç

4
cuatro
dürt

5
cinco
biş

6
seis
altı

7
siete
cide

8
ocho
sigez

9
nueve
tuğız

10
diez
un

11
once
unber

12
doce
unike

13
trece
unöç

14
catorce
undürt

15
quince
unbiş

16
dieciséis
unaltı

17
diecisiete
uncide

18
dieciocho
unsigez

19
diecinueve
untuğız

20
veinte
yegerme

100
cien
yöz

1.000
mil
meñ

1.000.000
millón
million

números - sannar

idiomas
tellər

inglés
inglizcə

inglés americano
Amerika inglizcəse

chino mandarín
Mandarin qıtayçası

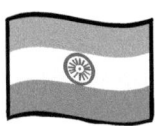

hindi
hindi

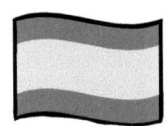

español
İspança

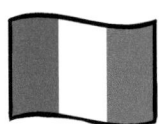

francés
Fransızca

árabe
Ğərəpçə

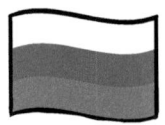

ruso
Rusça

portugués
Portugalça

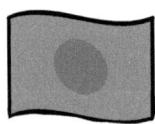

bengalí
Bengali

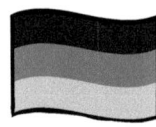

alemán
Almança

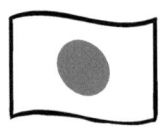

japonés
Yaponça

quién / qué / cómo
kem / nərsə / niçek

yo
min

tú
sin

él / ella / ello
ul / ul / ul

nosotros/as
bez

vosotros/as
sez

ellos/as
alar

¿quién?
kem?

¿qué?
nərsə?

¿cómo?
niçek?

¿dónde?
qayda?

¿cuándo?
qayçan?

nombre
isem

dónde
qayda

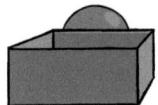

detrás
artta

en
eçendə

delante de
aldında

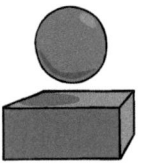

por encima de
östendə

sobre
östendə

debajo de
astında

junto a
yanında

entre
arasında

lugar
urın